EXPERIMENTE A *Ciência*

6º ano

HELENI STROEDER
Doutora em Ciências na área de Parasitologia pela Universidade de São Paulo
Bacharel em Ciências Biológicas pela Universidade de São Paulo
Professora de Ciências da rede particular de ensino na cidade de São Paulo

LUCIANA BARÃO ACUÑA
Mestre em Ciências na área de Ecologia:
ecossistemas terrestres e aquáticos pela Universidade de São Paulo
Especialista em Gestão Ambiental pelo Centro Universitário SENAC
Bacharel e Licenciada em Ciências Biológicas pela Universidade de São Paulo
Professora de Ciências da rede particular de ensino na cidade de São Paulo

SIMONE APARECIDA BACIC
Especialista em Ecologia pela Universidade de Guarulhos
Bacharel e Licenciada em Ciências Biológicas pela Universidade de Guarulhos
Professora de Ciências e Biologia da rede particular de ensino
na cidade de São Paulo

SUZANA SOUZA SOUTO DE OLIVEIRA
Doutora em Ciências na área de Ciências Morfofuncionais pela
Universidade de São Paulo
Fonoaudióloga pela Faculdade de Medicina da Universidade de São Paulo
Professora de Ciências da rede particular de ensino na cidade de São Paulo

editora HARBRA

Sumário

Direção Geral: Julio E. Emöd
Supervisão Editorial: Maria Pia Castiglia
Programação Visual e Capa: Mônica Roberta Suguiyama
Fotografias da Capa: Shutterstock
Impressão e Acabamento: Log & Print Gráfica e Logística

Experimente a Ciência – 6º ano

Rua Joaquim Távora, 629 – 04015-001 – São Paulo – SP
Tel.: (0.xx.11) 5084-2482. Fax: (0.xx.11) 5575-6876
Endereço eletrônico: www.harbra.com.br

ISBN 978-85-294-0506-3

Impresso no Brasil *Printed in Brazil*

CIP-Brasil. Catalogação na Publicação
SINDICATO NACIONAL DOS EDITORES DE LIVROS, RJ

E96

Experimente a ciência: 6. ano / Heleni Stroeder ... [et al.]. - 1. ed. - São Paulo : HARBRA, 2018.
48 p. : il. ; 28 cm.

ISBN 978-85-294-0506-3
ISBN 978-85-294-0511-7 (coleção)

1. Ciências - Estudo e ensino (Ensino Fundamental). I. Stroeder, Heleni. II. Título.

17-46181 CDD: 372.35
CDU: 373.3.016:5

Apresentação

O despertar da curiosidade pela ciência se dá de forma intensa quando permitimos aos alunos a possibilidade de vivenciar, na prática, os conteúdos estudados de forma teórica. Acreditamos que as aulas práticas no laboratório de ciências são importantes recursos pedagógicos, pois permitem ao aluno envolver-se no seu processo de aprendizagem, realizando observações e questionamentos, elaborando hipóteses, coletando e analisando dados, discutindo resultados e tirando conclusões.

Nessa perspectiva, as aulas práticas tornam o laboratório um espaço de desenvolvimento investigativo, onde o aluno tem a oportunidade de construir seu conhecimento através do método científico.

A possibilidade de trabalhar em grupos no laboratório permite ainda, ao aluno, desenvolver suas habilidades sociais ao expor oralmente suas ideias, manifestando suas opiniões, concordâncias e discordâncias e ao estabelecer conexões com os demais membros do grupo, fortalecendo o trabalho em equipe.

Neste volume, propomos um conjunto de práticas que abrangem o conteúdo trabalhado em Ciências no 6º ano do Ensino Fundamental: ar, água, solo e ecologia.

Boas experiências!

As autoras

Segurança nas aulas práticas

Normas de utilização e segurança:

- Sempre lavar as mãos antes e depois das aulas.
- Não levar alimentos ao laboratório.
- Quando for orientado pelo professor, usar luvas descartáveis para a realização das práticas.
- As substâncias químicas não devem ser cheiradas e nem levadas à boca.
- Caso haja quebra de material, o aluno deverá chamar imediatamente o professor.
- O aluno deverá sempre esperar a orientação do professor antes de realizar o experimento.
- Para sua segurança, nunca introduza objetos nas tomadas.
- Cuide adequadamente do material do laboratório, pois ele é parte integrante de seu aprendizado.
- Leve ao laboratório apenas os materiais que serão utilizados durante a aula (livro de laboratório, lápis e borracha para anotações).

ALEXHLIV/SHUTTERSTOCK

ALOHAFLAMINGGO/SHUTTERSTOCK

Aula 1

INICIAÇÃO NO LABORATÓRIO

INTRODUÇÃO: Nas aulas de laboratório temos contato com diversos produtos e situações que podem nos expor a riscos. É importante que tenhamos os devidos cuidados para garantir a nossa segurança.

OBJETIVO: Reconhecer as regras de segurança nas atividades de laboratório.

Atividade 1

Sobre as informações de segurança nas aulas práticas relacione as colunas corretamente:

(1) Quebra de material.
(2) Experimento no laboratório.
(3) Cheirar substâncias químicas.
(4) Levar alimentos nas aulas.
(5) Não introduzir objetos nas tomadas.
(6) Cuidado com o material.
(7) Somente o material necessário.

(   ) Manutenção da bancada organizada.
(   ) Risco de contaminação dos alimentos.
(   ) Outros alunos o utilizarão.
(   ) Esperar orientação do professor.
(   ) Professor deve ser avisado.
(   ) Risco de choque e curto-circuito.
(   ) Risco de intoxicação.

Atividade 2

A partir das explicações sobre segurança nas aulas práticas, observe a ilustração e responda ao que se pede.

DAWIDSON FRANÇA/acervo da editora

Quais são os erros demonstrados na ilustração da página anterior? Converse com seus colegas e indique os procedimentos corretos.

Estrutura de relatório de aulas práticas

No laboratório, normalmente realizamos experimentos em que verificamos determinados fenômenos estudados. Todo trabalho experimental envolve etapas que precisam ser seguidas para se obter um resultado que todos compreendam e possa ser repetido. Ao conjunto dessas etapas damos o nome de método científico que, resumidamente, usaremos em nossas aulas.

ETAPAS

1. **Título:** relacionado ao assunto a ser trabalhado.

2. **Introdução:** breve descrição teórica sobre o assunto a ser trabalhado.

3. **Objetivo:** o fenômeno que pretendemos demonstrar.

4. **Materiais:** relacionamos todo o material, instrumentos e substâncias químicas que serão necessários.

5. **Procedimento:** descrevemos todos os passos necessários para realizarmos o experimento.

6. **Resultados:** anotamos todos os dados obtidos com o experimento.

7. **Conclusão:** usamos nossos conhecimentos teóricos sobre o fenômeno estudado para explicarmos os resultados obtidos.

Aula 2

EFEITO ESTUFA

INTRODUÇÃO: Efeito estufa é o nome dado ao fenômeno natural que ajuda a manter estável a temperatura do nosso planeta, permitindo a vida na Terra da maneira como a conhecemos.

OBJETIVO: Perceber como funciona o efeito estufa.

MATERIAIS

- dois béqueres com 50 mL de água cada um
- duas caixas de papelão
- filme plástico
- papel alumínio
- luminária
- termômetro

PROCEDIMENTO

1. Forrar o interior das caixas com papel alumínio.
2. Colocar um béquer em cada caixa conforme a Figura 1.
3. Medir a temperatura da água dos dois béqueres.
4. Tampar uma caixa com filme plástico.
5. Colocar as caixas próximas à luminária acesa, conforme a Figura 2.
6. Aguardar quinze minutos.
7. Comparar a temperatura da água nos dois béqueres utilizando o termômetro.

LUCIANA BARÃO ACUÑA

Figura 1

LUCIANA BARÃO ACUÑA

Figura 2

RESULTADOS

	Temperatura inicial da água	Temperatura final da água
Béquer na caixa tampada		
Béquer na caixa destampada		

CONCLUSÕES

1. Explique o porquê da diferença observada na variação da temperatura da água dos dois béqueres.

2. O que cada material utilizado no experimento representa quando comparado aos fatores ambientais relacionados ao efeito estufa?

Material	Fator ambiental
Luminária	
Filme plástico	
Papel alumínio	

3. Que adaptação(ões) poderíamos fazer nesse experimento para tentar representar o aquecimento global?

4. Faça um esquema que represente a intensificação do efeito estufa.

Aulas 3 e 4

COMO CONSTRUIR UM TERRÁRIO

INTRODUÇÃO: Alguns fenômenos, como o ciclo da água, a germinação de sementes, o desenvolvimento de vegetais e até o comportamento de pequenos animais podem ser observados em um terrário, que pode ser considerado um modelo de ecossistema natural.

OBJETIVOS

- Perceber a importância do solo e da irrigação para o desenvolvimento vegetal.
- Diferenciar fatores bióticos de abióticos.
- Compreender o ciclo da água e os componentes de um ecossistema.

MATERIAIS

- recipiente transparente
- terra vegetal, cascalho, areia e água
- sementes e/ou mudas de plantas
- espátula de madeira

PROCEDIMENTO

1. Colocar no recipiente seco uma camada de cascalho, uma de areia e, por último, uma camada de terra.
2. Com a espátula de madeira, fazer pequenos buracos em que serão colocadas as sementes e mudas de plantas.
3. Plantar as mudas e/ou sementes.
4. Umedecer a terra.
5. Fechar o recipiente conforme ilustração ao lado.
6. Fazer a identificação do terrário – colocar a data, o nome do aluno, os tipos de sementes e as mudas plantadas.
7. Colocar em local claro, porém que não receba incidência direta de luz solar.
8. Aguardar 15 dias e registrar o que observou ao longo dos dias.

HELENI STROEDER

RESULTADOS

1. Quais são os componentes bióticos e abióticos presentes em seu terrário?

BIÓTICOS: ______________________________

ABIÓTICOS: ______________________________

2. Por que é importante que o terrário fique em local iluminado?

____

____

____

____

3. Faça anotações sobre o dia a dia de seu terrário.

____

____

____

____

Após os 15 dias responda:

4. Houve necessidade de acrescentar mais água no terrário ao longo dos dias? Justifique.

____

____

____

5. Cite algumas mudanças que ocorreram em cada um dos componentes após cerca de 15 dias. Descreva os resultados observados.

____

____

____

____

____

CONCLUSÕES

1. Descreva em que aspectos o terrário se assemelha a um ecossistema natural.

2. Assinale os processos que puderam ser observados nesse ecossistema artificial e complete a tabela:

Processo	Foi observado(a)?	Fatores que influenciaram o processo
Decomposição		
Ciclo da água		
Germinação		

3. Cole aqui a foto do seu terrário ou desenhe-o.

CADEIA ALIMENTAR

INTRODUÇÃO: Cadeia alimentar é uma sequência de seres vivos que estão conectados por meio de relações alimentares.

OBJETIVO: Reconhecer a dependência entre as populações de plantas, herbívoros e carnívoros e a importância dos decompositores.

MATERIAIS

- fichas indicativas com o nome dos organismos (plantas, capivaras e onças).

PROCEDIMENTO

1. Sortear as fichas entre os alunos e distribuí-los em uma área destinada ao jogo, conforme esquema ao lado.
2. Ao sinal de início do jogo, as plantas devem ficar imóveis.

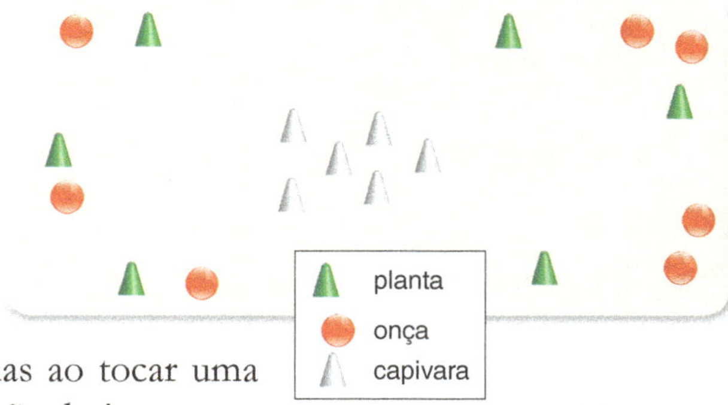

MÔNICA ROBERTA SUGUIYAMA/ SHUTTERSTOCK/Acervo da editora

3. As capivaras devem ficar distantes das plantas, mas ao tocar uma delas significa que encontrou alimento e ambas sairão do jogo.
4. As capivaras devem fugir das onças, mas quando a onça tocar na capivara as duas sairão do jogo.
5. Na nova rodada os pares formados de plantas e capivaras voltarão como capivaras.
6. As duplas de capivaras e onças retornarão como onças.
7. Todos os indivíduos que permaneceram no jogo até o final da rodada voltarão como plantas.

RESULTADOS

Rodada	Nº de plantas	Nº de capivaras	Nº de onças
1			
2			
3			
4			
5			

CONCLUSÕES

1. Esquematize a cadeia alimentar da dinâmica.

2. Por que os indivíduos que não comeram ou que não serviram de alimento viraram plantas na rodada seguinte?

3. Explique a razão de as capivaras que foram comidas voltarem, na rodada seguinte, como onças.

4. Quais relações ecológicas foram observadas nesse jogo? De que maneira elas influenciam o tamanho das populações desse ecossistema?

BIOMAS BRASILEIROS

INTRODUÇÃO: Bioma é um grupo de ecossistemas com características semelhantes como, por exemplo, temperatura, regime de chuvas e tipo de vegetação.

OBJETIVOS

- Reconhecer as principais características dos biomas brasileiros.
- Associar imagens de vegetais e animais representativos da biodiversidade brasileira aos seus respectivos biomas.

MATERIAIS

- imagens da flora e fauna típicas de biomas brasileiros
- informações relacionadas aos biomas
- mapa do Brasil com a divisão de biomas

PROCEDIMENTO

1. Recortar as imagens e informações dos Anexos 1 e 2.
2. Espalhar sobre a bancada as cartas em dois grupos: de imagens voltadas para cima e de informações voltadas para baixo.
3. Pegar uma das informações e procurar no grupo das imagens as cartas correspondentes.
4. Cada aluno deverá separar os trios escolhidos até se esgotarem as cartas.

CONCLUSÃO

Identificar e associar os biomas indicados no mapa ao lado com as cartas dos Anexos 1 e 2.

DISTRIBUIÇÃO ATUAL DA COBERTURA VEGETAL BRASILEIRA

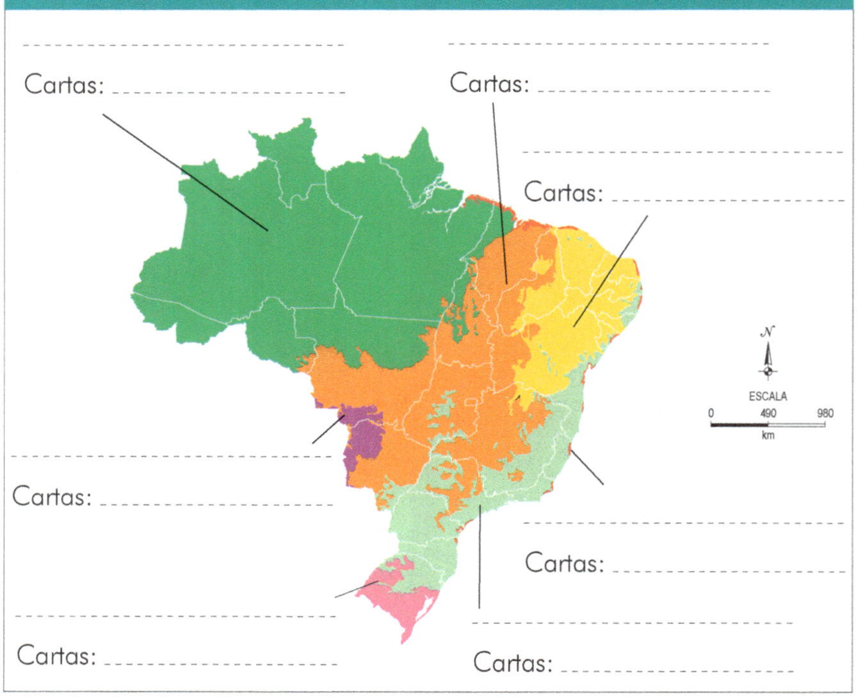

MÔNICA ROBERTA SUGUIYAMA/acervo da editora

Fonte: <http://www.wwf.org.br>. *Acesso em:* 25 out. 2017. Adaptação.

Aula 7

AS CARACTERÍSTICAS DE CADA TIPO DE SOLO

INTRODUÇÃO: O solo é formado por minerais, matéria orgânica, água e ar. Em função dos agentes que influenciam as características do solo, este apresenta diferentes composições ao longo do planeta.

OBJETIVOS

- Reconhecer alguns componentes do solo e suas características quanto à permeabilidade, textura e porosidade.
- Relacionar a permeabilidade do solo com a sua granulação.

MATERIAIS

- amostras de solo (A), (B) e (C)
- dois funis
- dois papéis-filtro
- dois erlenmeyers
- água
- lupa ou microscópio estereoscópico

PROCEDIMENTO

Experimento 1

1. Utilizando uma lupa observar as amostras A, B e C.
2. Sentir a diferença de textura ao segurar um pouco da amostra A na mão direita e da amostra B na mão esquerda.

Experimento 2

1. Colocar corretamente a folha de papel-filtro no funil e este no erlenmeyer, conforme ilustração ao lado.
2. Colocar a amostra A em um papel-filtro e a amostra B no outro. Acrescentar 50 mL de água, uniformemente distribuídos em cada amostra.
3. Observar a diferença com relação à permeabilidade de cada amostra.

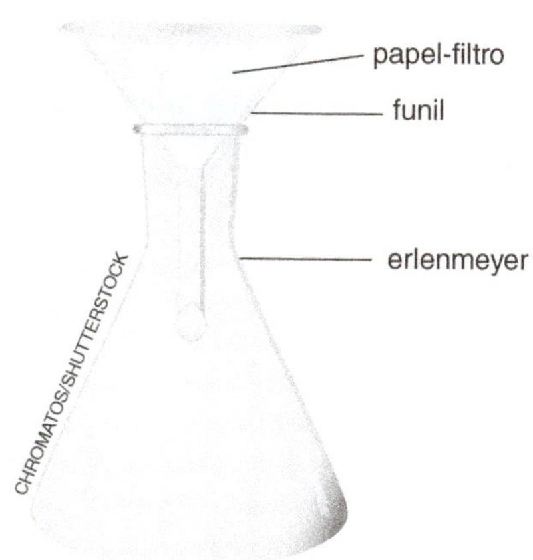

RESULTADOS

1. Qual é o principal componente de cada uma das amostras?

Amostra A: ______________________ Amostra B: ______________________

2. Esquematize os grãos das amostras A e B:

A

B

CONCLUSÕES

1. O que podemos concluir observando a coloração da amostra C?

____

____

____

____

____

2. Quais características presentes nas diferentes amostras favorecem o desenvolvimento vegetal?

Amostra A: ____

____

Amostra B: ____

____

Amostra C: ____

____

Aula 8

EROSÃO E DEGRADAÇÃO DO SOLO

INTRODUÇÃO: A erosão é um processo no qual as partículas que formam o solo são removidas e transportadas de um local para outro, por meio da ação de agentes naturais, como a água e o vento. As variações de temperatura também contribuem para que as partículas se soltem. A erosão é um processo natural, mas, se ocorrer de forma rápida, pode causar sérios danos ao solo.

OBJETIVO: Compreender a importância da vegetação para a proteção do solo.

MATERIAIS

- terra
- sementes de alpiste
- 2 garrafas plásticas
- água
- 2 béqueres de 500 mL
- bandeja alta

PROCEDIMENTO

1. Colocar terra em cada garrafa plástica, já cortada, até a altura da tampa, conforme foto ao lado.
2. Plantar as sementes em uma das garrafas e regar. Deixar em local iluminado.
3. Aguardar cerca de quinze dias.
4. Colocar cada uma das garrafas, sem a tampa, em uma bandeja de forma a ficarem inclinadas, conforme foto abaixo.

LUCIANA BARÃO ACUÑA

LUCIANA BARÃO ACUÑA

5. Despejar a água sobre a terra e deixar a água escorrer pela abertura da tampa. *Observação:* jogar a água de uma vez, simulando uma chuva forte.
6. Repetir o procedimento no solo plantado.

RESULTADO

O que aconteceu com a terra de cada garrafa quando a água foi despejada sobre elas?

____

____

____

CONCLUSÕES

1. Qual é a importância da vegetação para o solo?

____

____

____

2. O que pode ser feito para evitar os efeitos prejudiciais da chuva sobre o solo em terrenos inclinados?

____

____

____

3. Esquematize o experimento:

Antes de jogar a água	
Solo exposto	Solo plantado
Depois de jogar a água	
Solo exposto	Solo plantado

MUDANÇAS DE ESTADO FÍSICO DA MATÉRIA E DESTILAÇÃO DA ÁGUA

INTRODUÇÃO: Uma substância pode mudar de um estado físico para outro de acordo com a temperatura e a pressão em que se encontra.

No processo de destilação, podemos separar uma mistura formada por um sólido dissolvido em um líquido, por exemplo, e, durante esse processo, podemos visualizar algumas mudanças de estado físico da matéria.

OBJETIVO: Compreender e visualizar algumas mudanças de estado físico da matéria.

MATERIAIS

- gelo
- béquer (50 mL)
- materiais descritos na figura da destilação
- iodo
- aquecedor
- vidro de relógio
- erlenmeyer

PROCEDIMENTO

Experimento 1

1. Colocar alguns cubos de gelo no béquer.
2. Observar mudanças de estado físico da água dentro e na parede externa do béquer.

Experimento 2 – Experimento realizado pelo professor

1. Observar na bancada do professor o funcionamento do destilador.

Experimento 3 – Experimento realizado pelo professor

1. Colocar um pouco de iodo sólido dentro de um erlenmeyer.
2. Colocar um vidro de relógio sobre o erlenmeyer.
3. Aquecer.
4. Observar na bancada do professor a sublimação do iodo.
5. Colocar cubos de gelo sobre o vidro de relógio.
6. Observar a ressublimação.

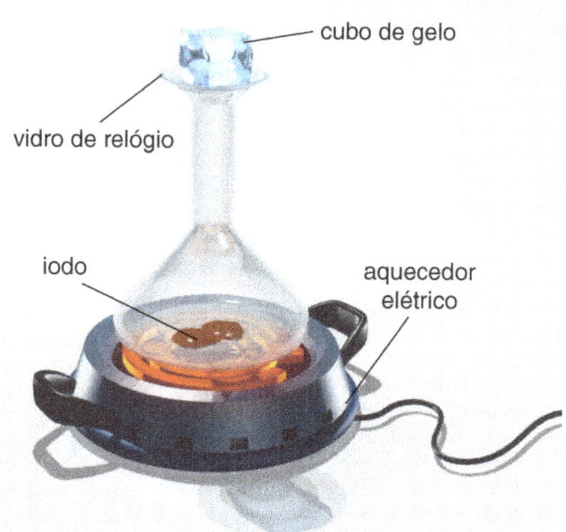

DAWIDSON FRANÇA/acervo da editora

RESULTADOS E CONCLUSÕES

Experimento 1

Complete a tabela com o nome da mudança de estado observada e assinale se há ganho ou perda de calor para que ela aconteça.

	Mudança de estado físico observada	Ganho de calor	Perda de calor
Dentro do béquer			
Parede externa			

Experimento 2

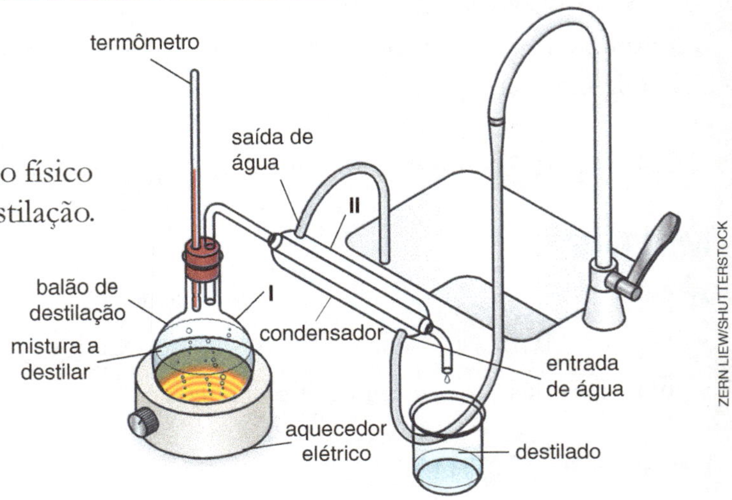

1. Identificar e descrever as mudanças de estado físico que estão ocorrendo em I e II durante a destilação.

I ______________________________

II ______________________________

2. Cor da mistura a destilar:

____

Cor do destilado: ______________________________

Substância resultante: ______________________________

3. Qual é a diferença entre a água destilada e a água comum?

____

____

Experimento 3

Quais mudanças de estado físico podem ser observadas no experimento com iodo? Descreva-as.

____

____

____

Aula 10

PROPRIEDADES DA ÁGUA – PRESSÃO NOS LÍQUIDOS

INTRODUÇÃO: A pressão que um líquido exerce sobre um ponto depende da altura da coluna desse líquido e da altura da coluna de ar sobre esse líquido.

Experimento 1

OBJETIVO: Constatar que a pressão de um líquido varia com a profundidade e com a altura da coluna de ar sobre ele.

MATERIAIS

- garrafas pet com furos pequenos em diferentes alturas
- funil
- água
- bandeja

PROCEDIMENTO

1. Colocar a bandeja embaixo da garrafa.
2. Colocar água na garrafa.
3. Observar os jatos de água saindo.
4. Fechar a tampa da garrafa. Observar.

RESULTADO

Esquematize as diferenças nos jatos de água que saem dos furos.

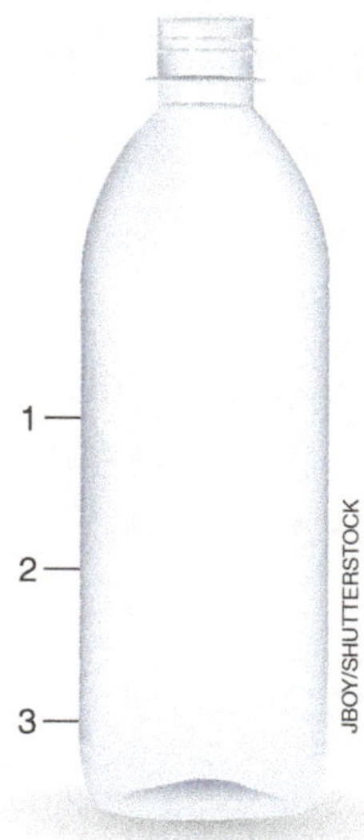

CONCLUSÕES

1. Relacione as diferenças observadas entre os jatos com a pressão da coluna de água.

___

___

___

___

2. O que acontece quando fechamos a tampa da garrafa? Por quê?

___

___

___

Experimentos 2 e 3

De acordo com o Princípio de Pascal, "O aumento de pressão em um ponto do líquido transmite-se integralmente a todos os pontos do líquido e às paredes do recipiente".

OBJETIVO: Observar o Princípio de Pascal

Experimento 2

MATERIAIS

- garrafa utilizada no Experimento 1

PROCEDIMENTO

1. Colocar água na garrafa e tampá-la.
2. Pressionar a lateral da garrafa em diferentes pontos.
3. Observar o que acontece com os jatos de água.

Experimento 3

MATERIAIS

Duas seringas de injeção (3 mL e 5 mL) com água, presas a uma base e ligadas por uma mangueirinha plástica. Montagem conforme figura ao lado.

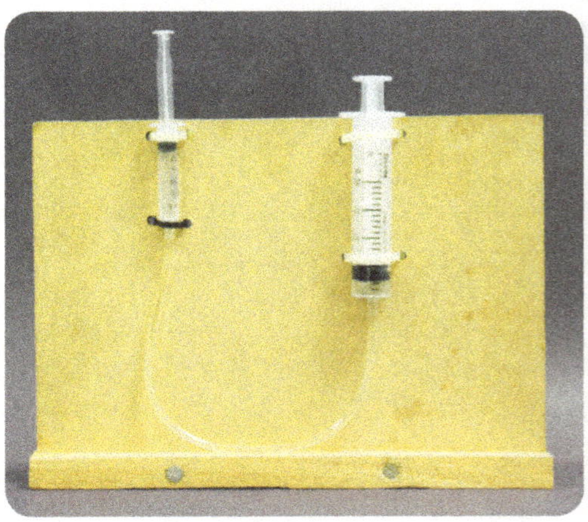

LUCIANA BARÃO ACUÑA

PROCEDIMENTO

Apertar os êmbolos de cada uma das seringas alternadamente.

RESULTADOS E CONCLUSÕES

1. O que aconteceu com os jatos de água quando as laterais da garrafa foram pressionadas nos diferentes pontos?

___

___

2. Qual princípio foi comprovado com esse experimento?

___

3. Há diferença ao apertar o êmbolo de cada uma das seringas. Explique o porquê dessa diferença.

___

___

___

4. Qual o objetivo de usarmos o Princípio de Pascal em elevadores, freios, prensas e outras máquinas? *Observação:* Nesses casos o líquido usado é óleo, para diminuir o atrito contra as paredes.

___

___

Complemento – Faça você mesmo

Pressão atmosférica

OBJETIVO: Observar a ação da pressão atmosférica em uma situação diferente da observada no Experimento 1.

MATERIAIS

- um canudo
- recipiente com líquido

PROCEDIMENTO

1. Mergulhar o canudo no recipiente com líquido.
2. Tampar a extremidade livre do canudo.
3. Retirar o canudo do líquido.
4. Observar o que acontece com o líquido dentro do canudo.
5. Tentar explicar.

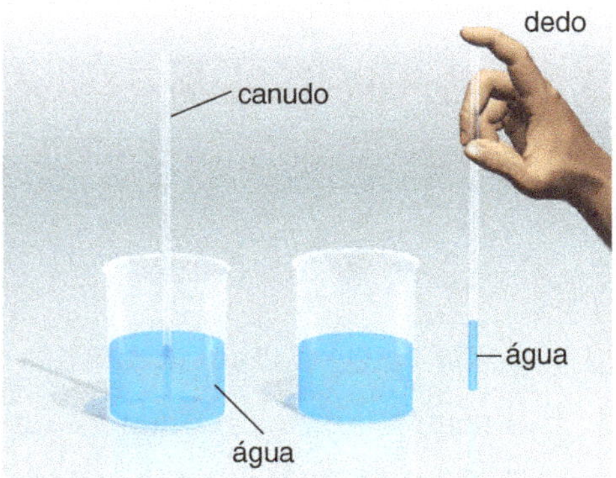

DAWIDSON FRANÇA/acervo da editora

SOLUBILIDADE E VASOS COMUNICANTES

INTRODUÇÃO: A água é considerada um solvente universal e essa é uma das características da água que permite a vida no planeta.

Um sistema de vasos comunicantes é um conjunto de vasos em comunicação entre si de tal modo que um líquido colocado em um deles se distribui por todos os outros.

OBJETIVOS

- Reconhecer que a água, apesar de ser considerada um solvente universal, não dissolve todas as substâncias.
- Entender o princípio dos vasos comunicantes.

MATERIAIS

Experimento 1

- açúcar
- corante
- talco
- vinagre colorido
- farinha
- areia
- seis recipientes transparentes com água
- espátulas para misturar

Experimento 2

- água
- mangueira transparente
- funil
- conjunto de vasos comunicantes

PROCEDIMENTO

Experimento 1

1. Acrescentar em recipientes com água a mesma medida de cada um dos materiais separadamente.
2. Misturar e observar os resultados.

Experimento 2

1. Colocar água na mangueira com a ajuda de um funil, preenchendo-a até a metade.
2. Colocar as duas extremidades da mangueira na mesma altura. Levantar com cuidado uma extremidade da mangueira e depois a outra. Observar.

3. Verificar a nivelação de diferentes objetos no laboratório utilizando a mangueira com água.
4. Colocar água no sistema de vasos comunicantes e observar o nível de água nos diferentes vasos.
5. Inclinar levemente o sistema de vasos comunicantes. Observar.

RESULTADOS E CONCLUSÕES

Experimento 1

1. Preencher a tabela abaixo com o que foi observado para cada material:

Material testado	Observações
Açúcar	
Corante	
Talco	
Vinagre	
Farinha	
Areia	

2. Com base na tabela, quais materiais são solúveis na água e quais não o são?

Solúveis em água: ______________________________

Insolúveis em água: ______________________________

Experimento 2

1. Esquematize o nível de água na mangueira e no sistema de vasos comunicantes nas diferentes situações:

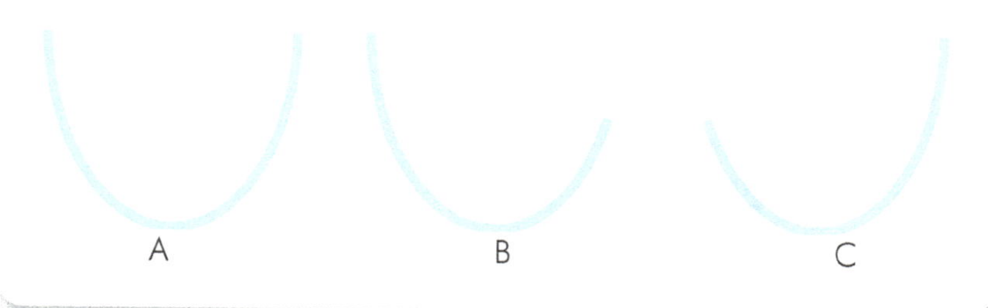

MÔNICA ROBERTA SUGUIYAMA/
acervo da editora

FOUAD A. SAAD/SHUTTERSTOCK

2. O que diz o **princípio dos vasos comunicantes**?

____

____

SIMULAÇÃO DE TRATAMENTO DE ÁGUA

INTRODUÇÃO: A água é importantíssima na nossa vida e essencial para o bom funcionamento do nosso corpo. Para o nosso consumo precisamos dela potável (incolor, insípida, inodora e sem microrganismos patogênicos) logo, na maioria das vezes, ela precisa ser tratada.

OBJETIVO: Compreender algumas das etapas do tratamento da água.

MATERIAIS

- água com uma colher de argila
- béquer de 250 mL
- sulfato de alumínio
- hidróxido de cálcio
- espátula
- cascalho
- areia
- carvão ativado
- algodão
- uma garrafa pet cortada ao meio

PROCEDIMENTO

1. Colocar aproximadamente 150 mL de água com argila no béquer.
2. Adicionar uma pequena quantidade de sulfato de alumínio, com a espátula, a seguir o hidróxido de cálcio, agitar e deixar em repouso por alguns minutos.
3. Despejar o sobrenadante no filtro montado conforme ilustração ao lado.

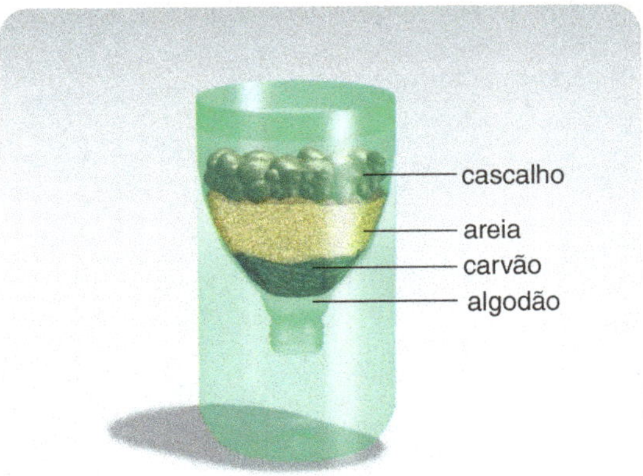

DAWIDSON FRANÇA/acervo da editora

RESULTADOS

1. Qual era a cor da água no béquer antes do tratamento?

____

2. Que cor ficou a água no béquer após o tratamento?

3. Descreva o que aconteceu após a adição do hidróxido de cálcio e do sulfato de alumínio.

CONCLUSÕES

1. A água, após a etapa de filtração, não está pronta para beber. Por quê? O que deve ser feito para que ela se torne potável?

2. Esquematize o experimento realizado nomeando cada etapa (tratamento químico, floculação, decantação e filtração).

O GÁS OXIGÊNIO E A COMBUSTÃO

INTRODUÇÃO: O gás oxigênio está presente na atmosfera e é um gás comburente, essencial para as reações de combustão.

O dióxido de manganês acelera a decomposição da água oxigenada (H_2O_2) em água (H_2O) e gás oxigênio (O_2) e assim podemos obter rapidamente grande quantidade de O_2.

OBJETIVO: Comprovar que o oxigênio é um gás comburente.

MATERIAIS

- tubo de ensaio
- espátula de madeira
- estante para tubo de ensaio
- água oxigenada 30 V
- dióxido de manganês
- palito e caixa de fósforos
- palito para churrasco

PROCEDIMENTO

1. Colocar 2 mL de água oxigenada 30 V em um tubo de ensaio.
2. Acrescentar um pouco de dióxido de manganês com a espátula de madeira.
3. Tampar o tubo, impedindo que o gás escape.
4. Queimar a ponta de um palito de churrasco até obter uma brasa.
5. Aproximar o palito da boca do tubo de ensaio, que imediatamente deve ser destampado.

RESULTADOS

1. Descreva o processo observado na primeira fase do experimento.

____

____

____

____

____

2. Esquematize o processo de combustão observado na segunda fase do experimento.

CONCLUSÃO

Explique a importância do gás oxigênio na combustão.

Complemento – Obtendo gás oxigênio: eletrólise da água

A molécula de água é formada por dois átomos de hidrogênio e um de oxigênio. A eletrólise é o processo de quebra dessa molécula, o que acontece com o fornecimento de energia.

OBJETIVOS: Observar o processo da eletrólise da água e constatar a formação dos gases oxigênio e hidrogênio.

MATERIAIS

- 2 tubos de ensaio
- bateria de 12 volts
- 2 pedaços de fio de cobre de 40 cm cada
- cuba de vidro
- solução alcalina

PROCEDIMENTO

Montagem conforme a figura abaixo.

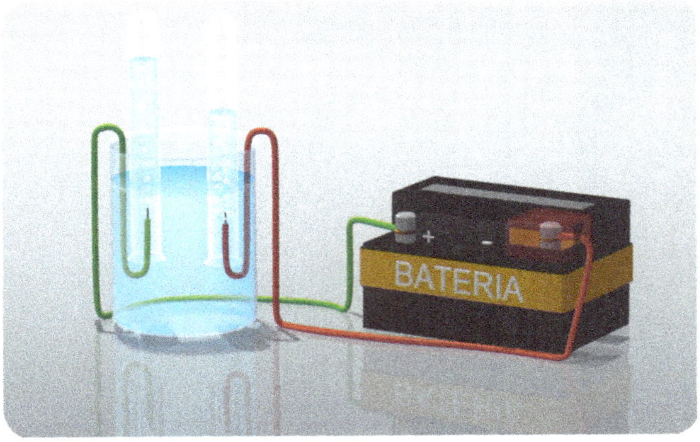

DAWIDSON FRANÇA/acervo da editora

RESULTADOS

1. Com a quebra das ligações químicas da molécula de água, quais gases são liberados?

____

____

2. O volume de gás formado é o mesmo nos dois tubos de ensaio?

____

____

CONCLUSÕES

1. Qual tubo de ensaio contém o gás hidrogênio? Qual contém o gás oxigênio?

____

____

2. Sabendo que o gás hidrogênio é um combustível e o gás oxigênio é um comburente, o que aconteceria com esses gases na presença do fogo?

Gás	Na presença do fogo

Para saber mais assista *Bolhas explosivas*.
Disponível em: <https://www.youtube.com/watch?v=jmVchFkHo4M>. *Acesso em:* 3 mar. 2017.

PROPRIEDADES DO AR (I)

INTRODUÇÃO: O ar apresenta algumas propriedades como, por exemplo, ter massa e ocupar lugar no espaço. Essas propriedades nos ajudam a perceber sua existência.

OBJETIVO: Reconhecer que o ar é matéria e ocupa lugar no espaço.

MATERIAIS

Experimento 1

- 2 balões de festa
- 1 balança

Experimento 2

- 1 garrafa plástica de 500 mL
- 1 balão de festa

Experimento 3

- copo plástico
- um pedaço de papel
- recipiente fundo com água

PROCEDIMENTO

Experimento 1

1. Determinar a massa de um balão vazio e do mesmo balão cheio de ar.
2. Anotar.

Experimento 2

1. Soprar e tentar encher o balão inicialmente fora da garrafa e depois dentro da garrafa, conforme esquema ao lado.

DAWIDSON FRANÇA/acervo da editora

Experimento 3

1. Amassar o papel e colocar no fundo do copo.
2. Emborcar o copo no recipiente com água.
3. Tirar o copo da água na posição vertical.
4. Observar como está o papel.
5. Fazer um furo pequeno no fundo do copo e emborcar novamente no recipiente com água e observar o que acontece.

RESULTADOS E CONCLUSÕES

1. Massa do balão vazio: ______________________________

Massa do balão cheio: ______________________________

2. Por que é impossível encher o balão dentro da garrafa?

____

____

____

____

3. Explique a diferença nos resultados do Experimento 3.

____

____

____

____

4. Quais foram as propriedades do ar observadas em cada experimento?

Experimento 1 ▶ ______________________________

Experimento 2 ▶ ______________________________

Experimento 3 ▶ ______________________________

Aula 15

PROPRIEDADES DO AR (II)

INTRODUÇÃO: Além de ocupar lugar no espaço e exercer pressão, o ar pode sofrer compressão ou expansão e depois retornar ao estado em que estava.

OBJETIVOS

- Perceber que o ar ocupa lugar no espaço e exerce pressão.
- Visualizar as propriedades de expansibilidade, elasticidade e compressibilidade.

MATERIAIS

Experimento 1

- 1 garrafa plástica (pet) de 2 litros vazia, sem tampa
- 1 canudo plástico
- massa de modelar ou cola quente
- 1 balão de festa ou saquinho plástico pequeno
- 1 funil
- água
- fita adesiva

Experimento 2

- uma seringa descartável, sem agulha

PROCEDIMENTO

Experimento 1

1. Fazer um orifício na lateral da garrafa de tamanho suficiente para encaixar o canudo.
2. Colocar o saquinho plástico em uma das extremidades do canudo e prender com fita adesiva.
3. Encaixar a outra extremidade do canudo na garrafa e vedar o encaixe com massa de modelar ou cola quente conforme figura ao lado.
4. Colocar o funil na boca da garrafa e vedar os espaços com massa de modelar.
5. Despejar a água no funil de forma que o funil fique cheio, mas sem transbordar.
6. Observar o que acontece com o saquinho plástico.

HELENI STROEDER

Experimento 2

1. Segurar a seringa com uma das mãos e puxar o êmbolo com a outra o máximo que puder, sem que este saia da seringa.
2. Empurrar o êmbolo de volta.
3. Repetir o procedimento, mas desta vez tampar com o dedo a ponta da seringa antes de empurrar o êmbolo de volta, impedindo que o ar saia.
4. Sem liberar a saída de ar, soltar o êmbolo. Observar.
5. Voltar para a posição inicial.
6. Com a seringa destampada, colocar o êmbolo no meio da seringa.
7. Tampar com o dedo a ponta da seringa e puxar o êmbolo o máximo que puder. Soltar o êmbolo. Observar.

RESULTADOS E CONCLUSÕES

1. O que você observou ao despejar água no funil? Explique.

____

____

____

____

2. Esquematize o ar dentro da seringa em cada situação do Experimento 2.

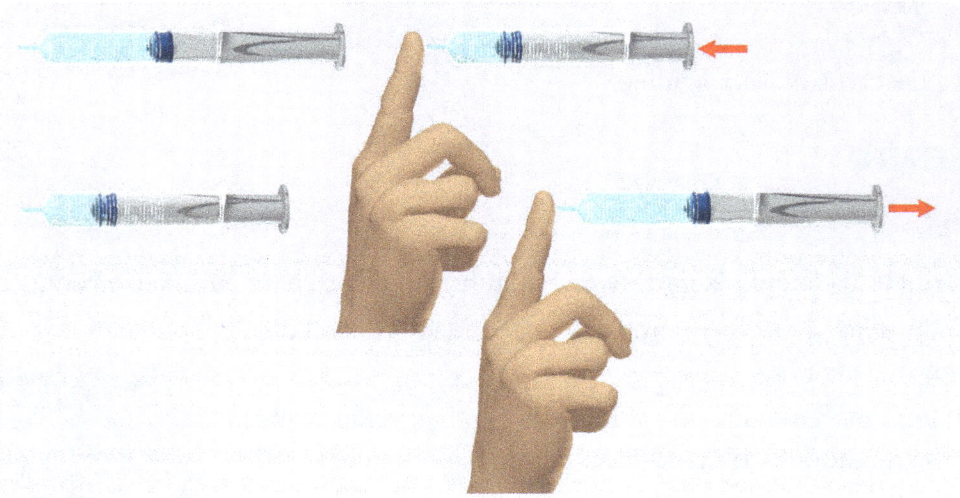

DAWIDSON FRANÇA/acervo da editora

3. Quais foram as propriedades do ar observadas em cada experimento?

Experimento 1 ▶ ______________________________

Experimento 2 ▶ ______________________________

Aula 16

PROPRIEDADES DO AR (III)

INTRODUÇÃO: Resistência do ar é a força que o ar exerce sobre um objeto em movimento e é contrária ao sentido daquele movimento. O ar oferece, portanto, resistência ao movimento.

OBJETIVO: Comprovar que o ar oferece resistência ao movimento.

MATERIAIS

Experimento 1

- 2 pedaços quadrados de saco plástico (de áreas diferentes)
- barbante
- massa de modelar
- tesoura de pontas arredondadas
- fita adesiva

Experimento 2

- papel
- tesoura

PROCEDIMENTO

Experimento 1

1. Em duplas, cada aluno fica com um dos quadrados de saco plástico.
2. Cortar quatro pedaços de barbante.
3. Fixar cada um deles, com fita adesiva, em um dos cantos do plástico.
4. Comparar o comprimento dos quatro fios e cortar qualquer excesso, a fim de deixá-los exatamente com o mesmo comprimento.
5. Usar uma bolinha de massa de modelar para juntar as quatro pontas soltas dos fios, conforme figura ao lado.

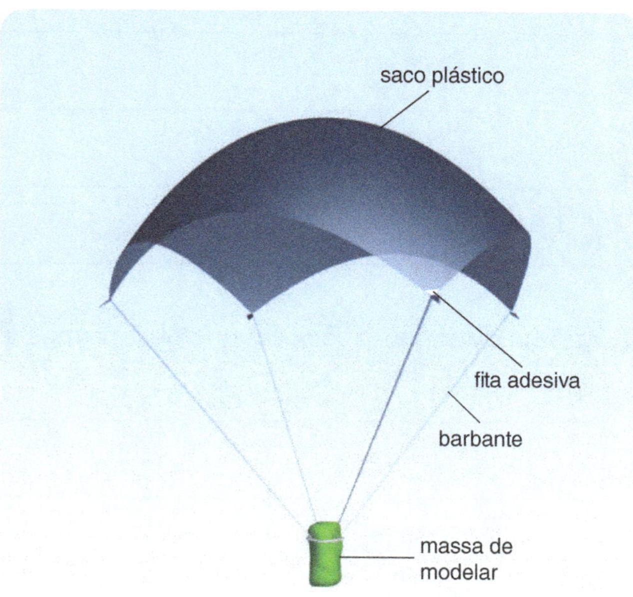

DAWIDSON FRANÇA/acervo da editora

6. Soltar os dois paraquedas ao mesmo tempo.
7. Comparar seu desempenho.

Experimento 2

1. Construir dois aviõezinhos testando o efeito de diferentes dobras feitas, sobretudo na parte anterior do corpo do avião.
2. Lançar os aviões.
3. Comparar o desempenho.

Exemplos de construção de um avião de papel:

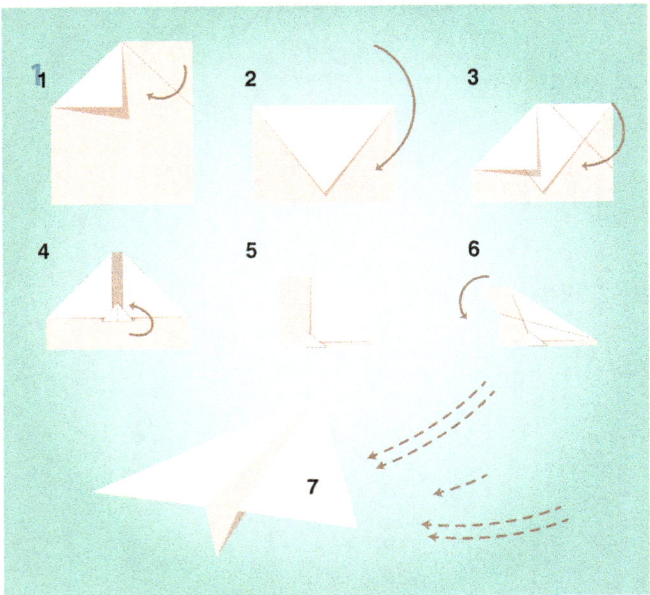

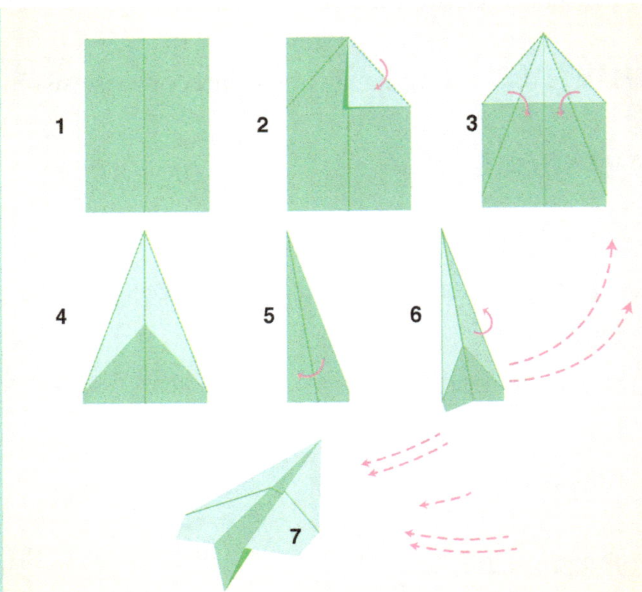

SIANA/SHUTTERSTOCK

RESULTADOS E CONCLUSÕES

1. O que podemos concluir com relação à eficiência dos paraquedas?

2. Aponte outras situações em que observamos a interferência da resistência do ar.

Aula 17

RECICLAGEM DE PAPEL

INTRODUÇÃO: A reciclagem é o processo que visa transformar materiais usados em matéria-prima para um novo produto. A reciclagem reduz o consumo de recursos naturais, poupa energia e água, diminui o volume de lixo, além de gerar emprego a milhares de pessoas.

OBJETIVO: Demonstrar uma técnica simples de reciclagem de papel.

MATERIAIS

- pedaços de papel usado
- peneira
- bacia
- liquidificador
- sementes (opcional)

PROCEDIMENTO

1. Deixar os pedaços de papel de molho na água por pelo menos 24 horas.
2. Bater bem no liquidificador o papel com um pouco de água (quanto mais espessa a massa, mais grosso o papel).
3. Colocar a massa em um recipiente e acrescentar as sementes.
4. Espalhar parte da massa uniformemente sobre o lado externo da peneira, que deve estar dentro de uma bacia para escorrer o excesso de água.
5. Prensar a massa com um pano para tirar o excesso de água, virar a massa sobre o jornal e prensar.

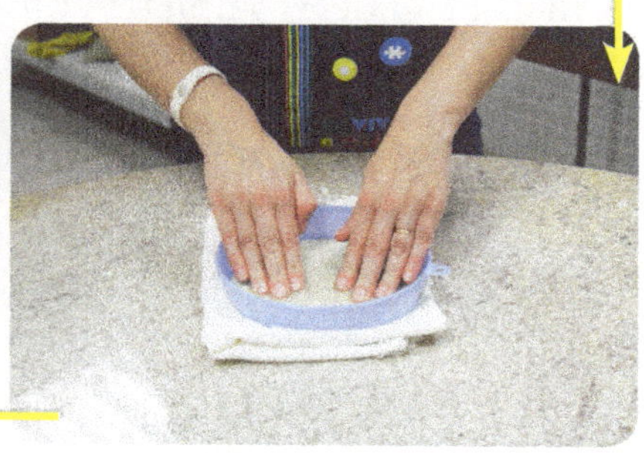

FOTOS: HELENI STROEDER

6 Deixar o papel sob pressão entre folhas de jornal, para secar. Trocar o jornal, se necessário.

7 Quando estiver seco você poderá utilizar o papel para escrever um cartão para alguém, por exemplo.

8 Se você colocou algumas sementes, após utilizar o papel este pode ser picado e "plantado".

FOTOS: HELENI STROEDER

Projeto – Instrumentos meteorológicos caseiros

INTRODUÇÃO: As previsões do tempo podem ser feitas com dados coletados nas estações meteorológicas. Nessas estações encontramos diversos instrumentos com os quais podemos medir a velocidade do vento, determinar sua direção, medir a temperatura do ar, a quantidade de chuva e a pressão atmosférica, por exemplo.

OBJETIVO

- Construir diferentes instrumentos meteorológicos.

Construção de um pluviômetro

INTRODUÇÃO: Pluviômetro é um instrumento que mede o volume de chuva em determinado período de tempo.

MATERIAIS

- uma garrafa pet lisa de 2 litros
- pedrinhas ou bolinhas de gude (cerca de 10 unidades ou até superar o fundo ondulado da garrafa)
- régua de 30 centímetros
- estilete
- fita adesiva colorida
- água

PROCEDIMENTO

1 Com o estilete, cortar a garrafa pet, a uma distância aproximada de 10 centímetros do bico.

2 Preencher cerca de 5 centímetros da garrafa com as pedrinhas ou bolinhas de gude. Completar com água até cobri-las.

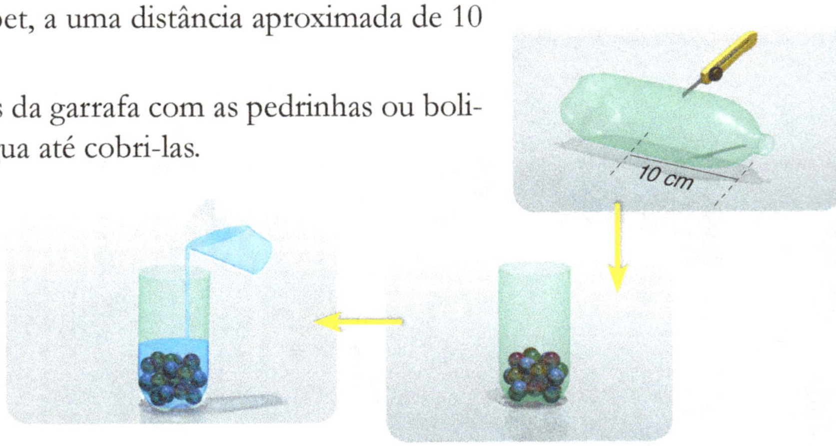

ILUSTRAÇÕES: DAWIDSON FRANÇA/acervo da editora

3. Colar um pedaço de fita colorida na altura do nível da água, fazendo uma marca.
4. Com a fita adesiva, fixar a régua na vertical do lado de fora da garrafa fazendo com que o número zero da régua coincida com o nível da água. Cortar a parte que ficar além da garrafa.

ILUSTRAÇÕES: DAWIDSON FRANÇA/ acervo da editora

5. Encaixar o bico da garrafa de ponta-cabeça na abertura do pluviômetro.
6. Colocar o pluviômetro em um lugar plano e aberto, sem que haja nada acima dele ou dos lados que impeça a chuva de atingi-lo. Após a chuva, recolher o objeto e observar quantos milímetros o nível da água subiu na régua. Essa será a medida da chuva para o período em que a medição foi realizada.

Adaptado de: <https://novaescola.org.br/conteudo/3300/como-construir-um-pluviometro>. *Acesso em:* 10 set. 2017.

Construção de um termômetro

INTRODUÇÃO: O termômetro mede a temperatura do ambiente. Com a construção do termômetro abaixo conseguiremos notar variações na temperatura do ar.

MATERIAIS

- garrafa pet de 1 litro
- massa de modelar ou cola quente
- canudo transparente
- água
- corante alimentício (opcional)
- caneta que escreva em plástico

PROCEDIMENTO

1. Encher completamente a garrafa com água. A adição de corante na água facilitará a visualização, mas não é essencial.
2. Fazer uma tira com massa de modelar.
3. Enrolar a massa em volta do canudo (a aproximadamente 5 cm de uma das pontas). Essa massa será usada como uma rolha, portanto deverá ter o mesmo diâmetro que a parte interna do gargalo da garrafa.
4. Colocar o canudo na garrafa e vedar bem com a massa de modelar.
5. Cuidar para que não fique nenhuma bolha de ar na parte interna da garrafa e para que uma das pontas do canudo fique totalmente imersa na água.
6. Nessa etapa, o nível da água dentro do canudo deve estar pouco acima da borda da garrafa. Se não estiver, apertar a garrafa para que a água suba. Enquanto isso, despejar mais água dentro do canudo, ao mesmo tempo em que for soltando a garrafa. Quando o nível da água no canudo estiver um pouco acima da boca da garrafa, o termômetro finalmente estará pronto para ser utilizado.
7. Com a caneta, fazer uma marcação no canudo, na altura do nível da água.
8. Levar a garrafa ao sol durante algum tempo. Observar que o nível da água dentro do canudo subirá. Fazer uma nova marcação.

DAWIDSON FRANÇA/acervo da editora

9 Levar a garrafa para a sombra e fazer novas marcações a cada 2 minutos, enquanto a água da garrafa for esfriando. Aconselha-se fazer medições durante cerca de 20 minutos.

Entendendo o que acontece...

Ao ser aquecida, a água se dilata aumentando de volume. Ao se resfriar, seu volume diminui. Com o aumento ou diminuição da temperatura da água é possível observar a variação de seu volume no canudo. Ou seja, quanto maior a temperatura, maior será o nível da água no canudo e à medida que a água for esfriando o nível da água diminuirá.

Construção de um barômetro

INTRODUÇÃO: O barômetro é um instrumento que mede a pressão atmosférica. Com a construção do barômetro abaixo conseguiremos notar variações nessa pressão.

MATERIAIS

- elástico (aqueles de papelaria, usados para prender dinheiro)
- um pote de vidro vazio (preferencialmente pequeno)
- balão de festa de aniversário
- canudo de refrigerante
- fita adesiva e tesoura
- pedaço de cartolina ou papel-cartão (tamanho A4)

PROCEDIMENTO

1 Encher e esvaziar o balão, para que ele fique mais flexível.

2 Cortar o balão um pouco acima da metade, como na figura ao lado.

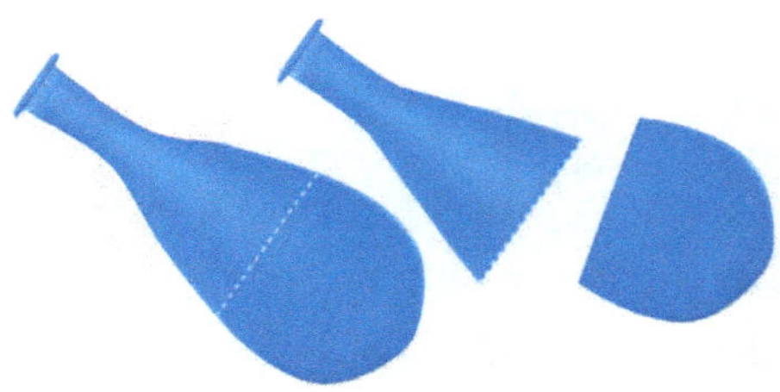
DAWIDSON FRANÇA/acervo da editora

3 Prender a parte de baixo do balão na abertura do pote de vidro. Usar o elástico para manter o conjunto bem preso. Isso é bem importante: se a vedação não for bem feita, o barômetro não vai funcionar adequadamente.

DAWIDSON FRANÇA/acervo da editora

4 Usando a fita adesiva, prender o canudo no centro do topo do pote, exatamente como se vê na figura abaixo. **Importante**: se, por exemplo, você tiver um vidro de 8 cm de abertura, seu canudo deverá ter aproximadamente 12 cm de comprimento. É importante manter o canudo relativamente longo para permitir sua movimentação. Nessa etapa, você já tem seu barômetro caseiro pronto.

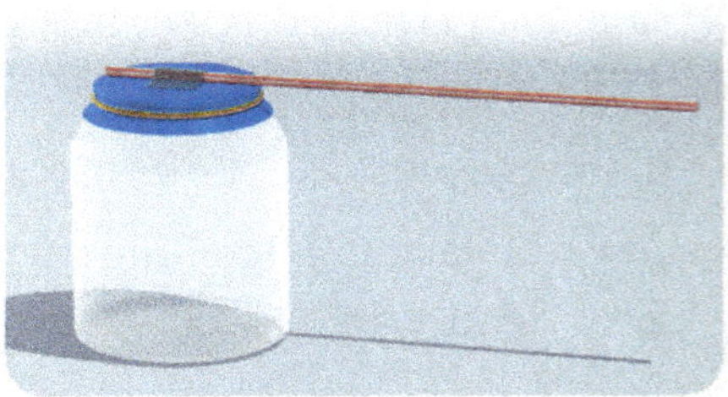
DAWIDSON FRANÇA/acervo da editora

⑤ Posicionar seu barômetro encostado em uma parede. Atrás do barômetro, colocar a folha de cartolina, como na figura ao lado. É importante que a ponta do canudo fique na frente da folha de cartolina. A figura ao lado indica exatamente o que você deve fazer. Checar seu barômetro todos os dias, fazendo uma marcação na cartolina no local onde a ponta do canudo estiver indicando. Anotar na frente da marcação a data do registro e detalhes sobre o tempo.

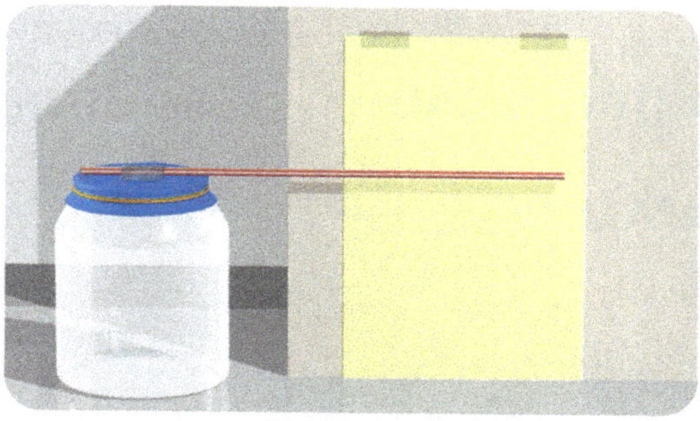

DAWIDSON FRANÇA/acervo da editora

O barômetro construído expressa de forma qualitativa a pressão do ar. Fazendo marcações em dias seguidos você conseguirá notar variações da pressão atmosférica, se a pressão está aumentando ou diminuindo, mas não medi-la exatamente.

Entendendo o que acontece...

Ao diminuir a pressão atmosférica ambiente, o ar aprisionado no interior do frasco, por ter pressão maior, forçará a membrana para fora – o ponteiro baixa na escala (baixa pressão, tempo ruim).

Ao aumentar a pressão atmosférica ambiente, a membrana agora se "abaulará" para dentro – o ponteiro sobe na escala (alta pressão, tempo bom).

Adaptado de: <http://www.wikihow.com/Make-a-Simple-Weather-Barometer>. *Acesso em:* 12 set. 2017.

Construção de uma biruta

INTRODUÇÃO: A biruta é um instrumento que indica a direção do vento.

MATERIAIS

- um copo plástico grande (de, aproximadamente, 500 mL ou 700 mL)
- tesoura
- tecido (de náilon ou outro que seja leve)
- agulha e linha de costura
- barbante

PROCEDIMENTO

① Cortar o fundo do copo plástico.

② Cortar um pedaço do tecido e encapar o copo. Deve formar um tubo

③ Dobrar a ponta do tecido na borda superior do copo plástico.

④ Cortar quatro tiras de tecido. Costurá-las na extremidade mais fina da biruta.

⑤ Cortar dois pedaços de barbante. Cuidadosamente fazer dois pequenos buracos no tecido (em lados opostos) da parte mais larga da biruta. Amarrar os barbantes, depois amarrar as pontas juntas.

⑥ Pendurar a biruta na varanda ou em algum lugar que possa pegar vento.

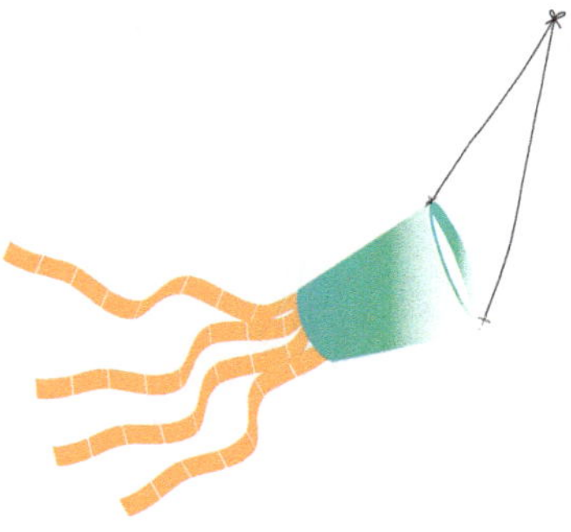

MÔNICA ROBERTA SUGUIYAMA/acervo da editora

Adaptado de: <http://www.comofazer.com.br/como-fazer-uma-biruta>. Acesso em: 12 set. 2017.

Construção de um anemômetro simples

INTRODUÇÃO: O anemômetro mede a velocidade do vento.

MATERIAIS

- corda
- tesoura
- papel crepom
- jornal
- pano fino
- pano grosso

PROCEDIMENTO

1. Amarrar quatro tiras de igual tamanho (uma de papel crepom, uma de jornal, uma de pano fino e uma de pano grosso) em um pedaço de corda, conforme esquema abaixo:

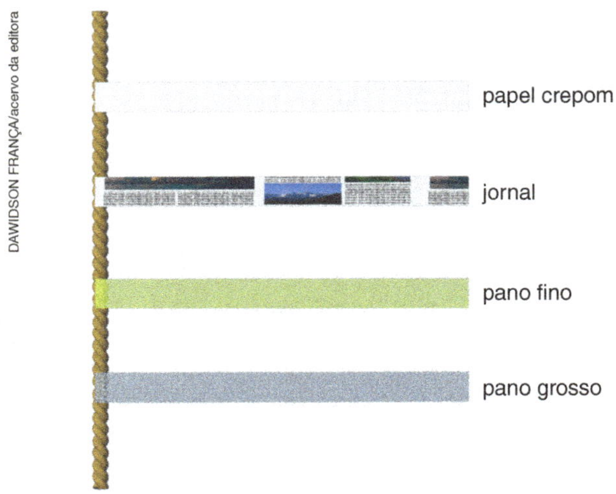

2. Pendurar a corda na varanda ou quintal.
3. Quando o vento soprar suavemente, o papel crepom vai reagir.
4. Quando o vento soprar um pouco mais forte, o jornal vai flutuar.
5. Quando o vento aumentar de intensidade, o pano fino vai fazer ondas.
6. Quando o pano grosso se agitar, você saberá que o vento está soprando bem forte.

Observação: com esse experimento apenas conseguimos observar a variação da velocidade do vento, não sendo possível medir essa velocidade.

Anexo 1 – BIOMAS BRASILEIROS – CARACTERÍSTICAS

Bioma 1

Plantas adaptadas a condições de elevada umidade.

Temperaturas elevadas e alta incidência de chuvas.

Vegetação densa e distribuída por vários estratos em solos rasos.

Animais de diversas espécies como macacos, bichos-preguiça, inúmeras aves e insetos

Bioma 2

Temperaturas elevadas, ventos intensos e chuvas escassas.

Solo rico em nutrientes minerais, porém falta água.

Vegetais típicos são cactáceas, umbuzeiro, juazeiro.

Animais como jaguatirica, gavião, carcará, serpentes e lagartos.

Bioma 3

Longo período de seca seguido de um período chuvoso.

Solo pobre.

Vegetação com árvores esparsas, de caule retorcido e casca, espessa.

Animais típicos como formigas, lobos-guará, tamanduás-bandeira e tatus.

Bioma 4

Vegetação exuberante, com árvores de grande porte.

Grande umidade e temperaturas médias elevadas.

Vegetais típicos são o pau-brasil, jacarandá-da-baía, manacá-da-serra e ipê-roxo.

Animais deste bioma são o mico-leão-dourado, onça-pintada, tucano e sabiá.

Bioma 5

Distribuição irregular de chuvas.

Presença de estações do ano bem demarcadas.

Vegetação tipicamente rasteira e em alguns pontos pequenas matas (capões).

Animais típicos são tatu, cachorro-do-mato e coruja-buraqueira.

Bioma 6

Maior planície alagável do mundo.

Alterna épocas de vazante e cheia.

Vegetais típicos são o jenipapo, palmeira-carandá e ingá.

Animais característicos são macaco bugio, garça, anta e jacaré-de-papo-amarelo, entre outras.

Bioma 7

Popularmente chamada "costa" ou litoral onde estão os manguezais, dunas e restingas.

Vegetação dos manguezais inclui três espécies de árvores de pequeno tamanho, a de dunas é rasteira e a de restinga pode ser representada pelo araçá-da-praia.

Animais típicos do mangue são os caranguejos.

Anexo 2 – BIOMAS BRASILEIROS – IMAGENS

L

J
JESS KRAFT/SHUTTERSTOCK

H

M
VLADIMIR WRANGEL/SHUTTERSTOCK

K
FILIPE FRAZAO/SHUTTERSTOCK

I
JO CREBBIN/SHUTTERSTOCK

N